目標9【インフラ、産業化、イノベーション】

災害に強いインフラ（電気、ガス、水道、交通、インターネット、病院などの施設）をつくり、新しい技術を開発し、持続可能なかたちで産業を発展させよう。

目標10【不平等】

世界中の国と国、または国のなかの、生まれた国や年齢、性別、人種、障がいなどによる、社会的、経済的、政治的な不平等をなくそう。

目標11【持続可能な都市】

すべての人が安心して将来も安全に暮らしつづけられる、災害に強いまちや住まいをつくろう。

目標12【持続可能な消費と生産】

食品廃棄やごみの量を減らし、地球の資源や環境を守っていけるものづくりや消費をおこなおう。

目標13【気候変動】

気候変動による災害に備え、地球やわたしたちの暮らしを守るために学び、すぐに行動を起こそう。

目標14【海洋資源】

海の資源を将来にわたって安定的に利用できるよう、海の環境や生きものを守り、大切に利用しよう。

目標15【陸上資源】

森林破壊や砂漠化を防いで、陸の自然の豊かさや、陸上に暮らす多様な生きものを守り、大切に利用しよう。

目標16【平和】

暴力がなく平和で、だれも置き去りにしない、すべての人が法律で守られる社会をつくろう。

目標17【実施手段】

世界中の人びとが協力し合い、対策をおこなって、SDGsのこれらの目標を達成しよう。

「エネルギー問題」は目標3、4、5、6、7、9、11、12、13、14、15、17に大きく関係しているよ！

どう使う？どうつくる？
エネルギー

監修 小川順子

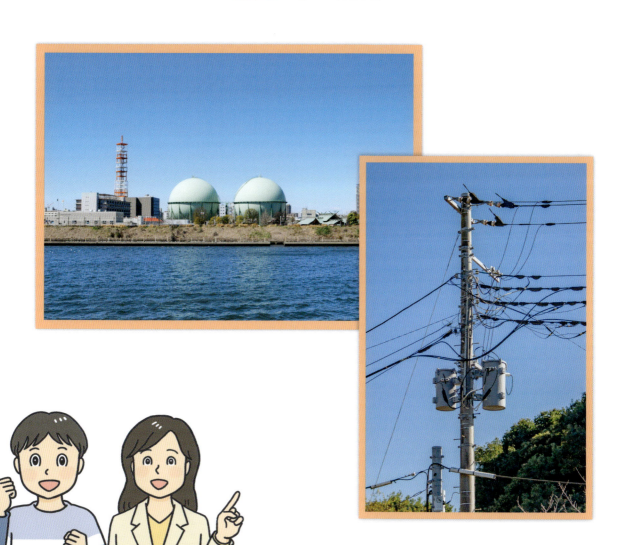

はじめに

　わたしたちは日常生活でたくさんのエネルギーを使っています。電気があるおかげで、夏は部屋をすずしく、冬はあたたかく、夜は照明で町や部屋を明るく保てます。パソコンやスマートフォンも電気で動いています。ガスは調理をするときやおふろのお湯をわかすときに使われ、石油（ガソリン）は自動車の燃料として重要な役割を果たしています。これらのエネルギーが使えない生活を想像してみてください。わたしたちは生きていけるでしょうか？　とくに電気は、コンセントにさすだけでさまざまな使い方ができる、とても便利なエネルギーです。

　電気をつくることを「発電」といいます。安定して発電するためには、火力発電や水力発電など、さまざまな方法を組み合わせることが重要です。日本のおもな発電方法は火力です。火力発電には燃料が必要ですが、日本では石油や石炭、天然ガスなどの化石燃料はほとんどとれないので、輸入にたよっています。そのため、自国でまかなうことができるエネルギーの量を示す「エネルギー自給率」は約13％しかありません。低いといわれる食料自給率でも約40％ありますから、とても低いことがわかりますね。もし、外国で紛争などが起きて、エネルギーが輸入できなくなったら、日本はとても困ってしまいます。そのうえ化石燃料は、燃やすと気候変動の原因となる二酸化炭素を排出するので、環境にも大きな影響を与えます。

　けれども、悲観することばかりではありません。たとえば、世界の国々のなかでも、日本ほど停電が少なく、停電してもすぐに復旧できる国はめずらしいのです。これは、日本の技術力が優れているからです。そして、昔からよりよい未来をつくるために努力してきたからです。今、新しい発電方法の開発も進んでいます。

　みなさんがこの本を開いたことで、よりよい未来に一歩近づきました。ぜひ、エネルギーについて学び、考えて、実践してみてください。「ちりも積もれば山となる！」というように一人一人の日ごろの省エネや節電の積み重ねも大切です。いろいろなことを学び、これからの日本や世界、そして地球を支える一員になっていくことを願っています。

監修者／一般社団法人日本エネルギー経済研究所

小川順子

もくじ

わたしたちの生活には、「エネルギー」がかかせないよ。

はじめに ……………………………………………………………… 2

1 エネルギーとは何だろう？

エネルギーはどこで使われているの？ ………………………… 4
エネルギーって何だろう？ ……………………………………… 6
電気はどうやってつくるの？──火力発電・水力発電・原子力発電 …… 8
ガスはどうやってつくるの？ …………………………………… 14
日本の「エネルギー自給率」は？ ……………………………… 16
日本のエネルギー資源はどこからくるの？ …………………… 20
気候や風土をいかす「再生可能エネルギー」とは？ ………… 22
再生可能エネルギーをもっと知ろう …………………………… 24

2 新しいエネルギーの開発を見てみよう

日本の取り組みを知ろう ………………………………………… 26
水素・アンモニアを発電に利用する …………………………… 28
石炭を効率よく利用する ………………………………………… 32
地上に太陽をつくる!?「核融合」とは？ …………………… 34
どんな新しいエネルギーがあるの？ …………………………… 36

3 エネルギー問題に、どう取り組む？

「カーボンニュートラル」をめざそう！ ……………………… 38
「カーボンフットプリント」で二酸化炭素の量を知ろう …… 40
やってみよう！ 省エネのくふう ……………………………… 42

さくいん …………………………………………………………… 46

1 エネルギーとは何だろう？

エネルギーはどこで使われているの？

わたしたちは、ごはんをつくるとき、おふろのお湯をわかすときに電気やガスを使います。テレビを見るとき、ゲームをするときにも電気を使いますね。電車やバス、自動車などの乗りものは、どうでしょう？ ものを動かしたり、何かの仕事をしたりする力を「エネルギー」といいます。エネルギーは、どんなところで使われているのでしょう？

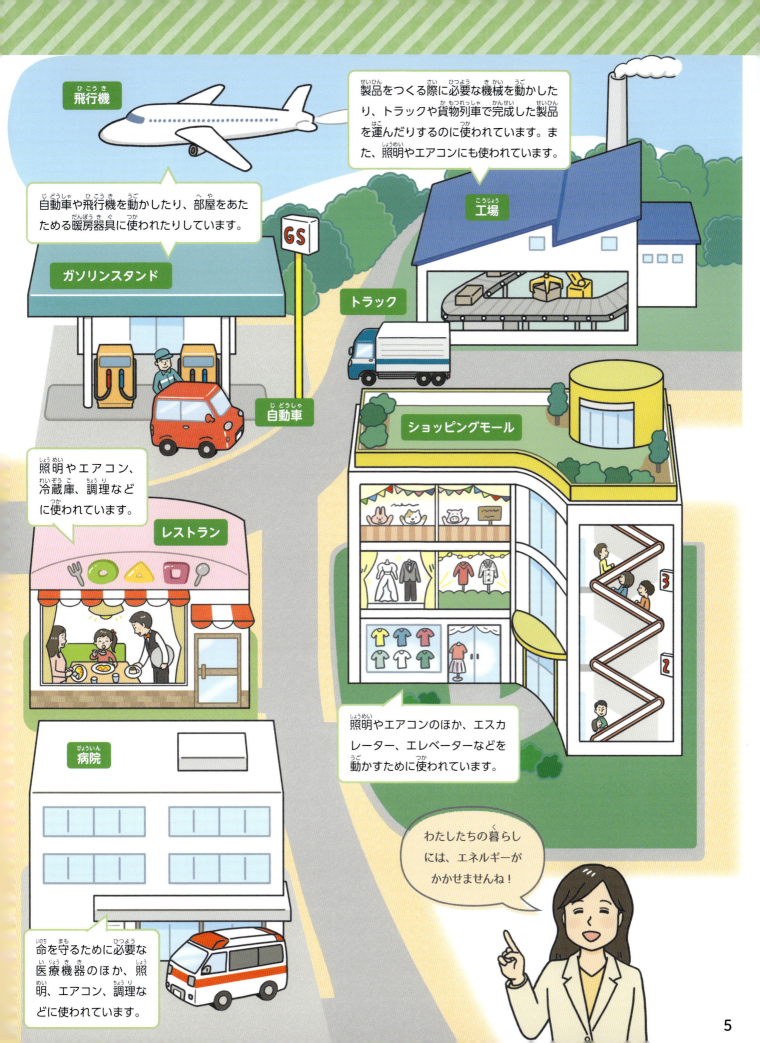

エネルギーって何だろう？

わたしたちが生きるうえで、エネルギーとして食べものが必要なように、生活するうえでもさまざまなエネルギーがかかせません。どんなエネルギーがどのように使われているのでしょうか。

どんなエネルギーがあるの？

わたしたちは、石油や石炭、天然ガスなど、生物の死がいが変化してできた「化石燃料」をはじめ、太陽光や風力、水力、地熱などの「自然エネルギー」＊などを電気、都市ガス、プロパンガス、ガソリン、灯油などに加工して使っています。エネルギーのもととなる自然界の資源を「一次エネルギー」といい、使うために加工したエネルギーを「二次エネルギー」といいます。たとえば、石油を燃やして電気をつくる場合、燃料となる石油は一次エネルギー、うみ出された電気は二次エネルギーです。

＊自然エネルギーはくり返し使えてなくならないため、「再生可能エネルギー」と呼ばれています。

一次エネルギーを見てみよう

化石燃料

石油（原油）　　石炭　　天然ガス

➡ 8,14ページへ

その他のエネルギー

原子力　　核融合

➡ 12ページへ　➡ 34ページへ

自然エネルギー（再生可能エネルギー）

太陽光　　風力　　水力

地熱　　バイオマス　など

➡ 22ページへ

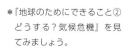

化石燃料は燃やすと地球温暖化の原因となる温室効果ガスを排出するし、資源に限りがあるから、使い方を考えなくちゃいけないんだね。＊

＊『地球のためにできること②どうする？気候危機』を見てみましょう。

エネルギーはどのように使われるの？

わたしたちは、一次エネルギーを加工した二次エネルギーを使っています*。たとえばスマートフォン、テレビなどに電気を、おふろのお湯をわかしたり、キッチンで調理したりするときにガスを、自動車に乗るときにはガソリンを使っています。

わたしたちが使うエネルギーの合計（「最終エネルギーの消費」といいます）を見ると、どこで、どのようにエネルギーを使っているかがわかります。

*鉄鋼業（製鉄）や蒸気機関車などでは、一次エネルギーのまま使うこともあります。

二次エネルギーを見てみよう

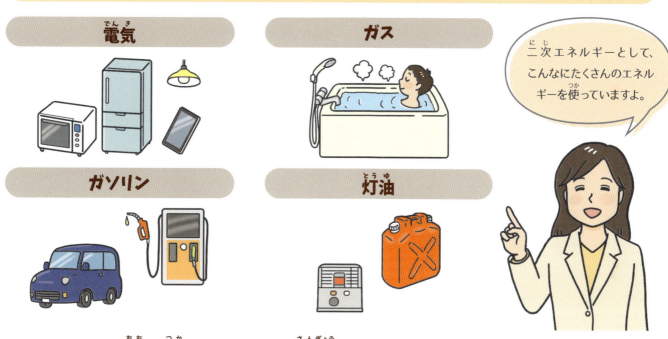

エネルギーが多く使われるのは「産業」

日本でもっともエネルギーを使用しているのは「産業」です。産業のなかでは、鉄や銅などをつくる鉄鋼業、食品を冷凍したり、加熱したりして加工する食品加工業など、わたしたちの生活を豊かにする製造業がもっとも多くのエネルギーを使っています。2番目に多いのは人やものを運ぶ「運輸」です。「業務ほか」とは、学校や病院、お店などで使用されるエネルギーです。家庭で使うエネルギーも15％ほどをしめています。

資源の少ない日本では、ものをつくって輸出することは日本の経済を支える大きな柱です。そのため、「産業」に多くのエネルギーが使われています。

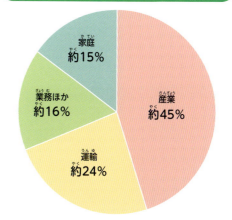

最終エネルギーの消費の割合
- 家庭 約15％
- 業務ほか 約16％
- 運輸 約24％
- 産業 約45％

資源エネルギー庁「総合エネルギー統計
部門別最終エネルギー消費（2022年度）」より作成

電気はどうやってつくるの？

わたしたちは、テレビや照明、電子レンジやエアコン、洗たく機などの電気製品を使うときに、電気を光や音、熱、運動に変えて使っています。電気をつくることを「発電」といい、日本ではおもに火力発電（79.8％）、水力発電（10％）、原子力発電（6.4％）などで発電しています。それぞれの発電のしくみを見ていきましょう。

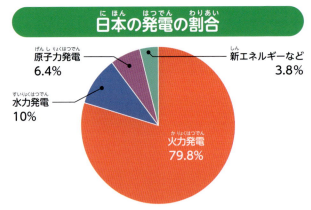

日本の発電の割合
- 火力発電 79.8%
- 水力発電 10%
- 原子力発電 6.4%
- 新エネルギーなど 3.8%

資源エネルギー庁「統計表一覧 2022年度 発電実績」より作成

火力発電

石油、石炭、天然ガスなどの燃料を燃やし、その熱で水を熱して、発生する蒸気の力で「タービン」と呼ばれる羽根車を回して発電します。

火力発電の燃料は？

火力発電には石油（原油）、石炭、天然ガスなどの「化石燃料」が使われます。「化石燃料」とは、大昔の植物や動物の死がいが地中にうまり、菌類や微生物によって分解され、熱や圧力がかかり、長い時間をかけて分解され、変化したものです。

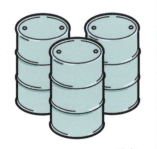

石油（原油）
プランクトンなどが変化した液体の化石燃料。飛行機や自動車の燃料、暖房器具に使う灯油、プラスチック製品の原料などに使われています。

石炭
シダ植物などが変化した固体の化石燃料。石炭は、セメントや鉄鋼をつくるときの燃料としても使われています。

天然ガス
動植物などの死がいが変化した気体の化石燃料。暖房器具やおふろなどの燃料として使われています。

火力発電のよい点
- 天候に左右されず、燃料さえあれば、電力を安定供給できる。
- 電力をたくさん使う時間帯（日中）と少ない時間帯（深夜など）に合わせ、発電する量を調整できる。
- 発生したエネルギーを電気に交換する割合（「エネルギー変換効率」という）が高く、むだなく発電できる。

火力発電の課題
- 化石燃料を燃やして発電するため、二酸化炭素を排出する。
- 化石燃料のほとんどを輸入にたよっているため、災害や紛争などで、価格が上がったり、輸入が止まったりする可能性もある。
- 化石燃料は限りがあるため、世界中で掘りつくしてしまうと、なくなるおそれもある。

火力発電のしくみ

下の図は、多くの火力発電所で取り入れられている発電のしくみです。①の燃料（石油や石炭、天然ガス）を②の「ボイラー」のなかで燃やし、水を熱します。発生した蒸気の力で、巨大な羽根がついた③の「タービン」と呼ばれる機械を回します。タービンにつながっている④の「発電機」が回り、発電します。蒸気は⑤の「復水器」のなかで、海水で冷やされて水にもどり、再び使われます。

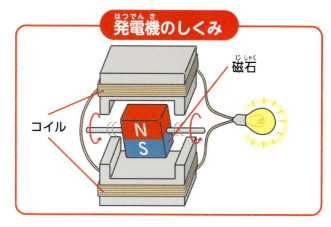

発電機のしくみ

発電機のなかには大きな磁石とコイル（細い金属の導線を巻いたもの）があります。発電機は、コイルの間で磁石が回転することでエネルギーが発生し、それが電気となります。

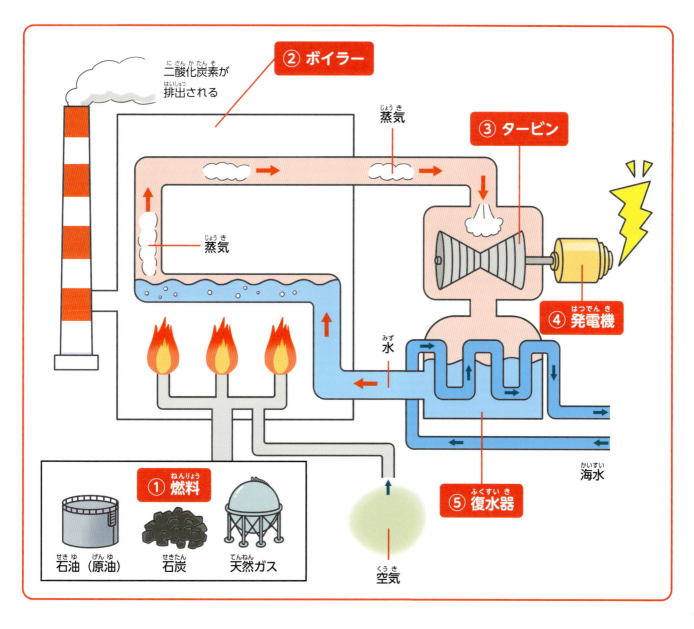

水力発電

水が高いところから低いところへ流れ落ちるときのエネルギー*を利用して水車を回転させ、発電します。

*「位置エネルギー」といいます。

水力発電の燃料は？

水力発電の燃料は、自然の雨水や雪解け水などです。燃料を燃やす必要がないため、発電するときに二酸化炭素を排出しません。

水力発電のしくみ

下の図は、発電量の多い「貯水式（ダム式）」の発電のしくみです。水力発電では、雨水や雪解け水が①の「貯水池」にためられます。②の「取水口」から水路を通って、③の「水車」に水が流れ落ちます。水がぶつかり水車が回転すると、つながっている④の「発電機」が回り、発電します。

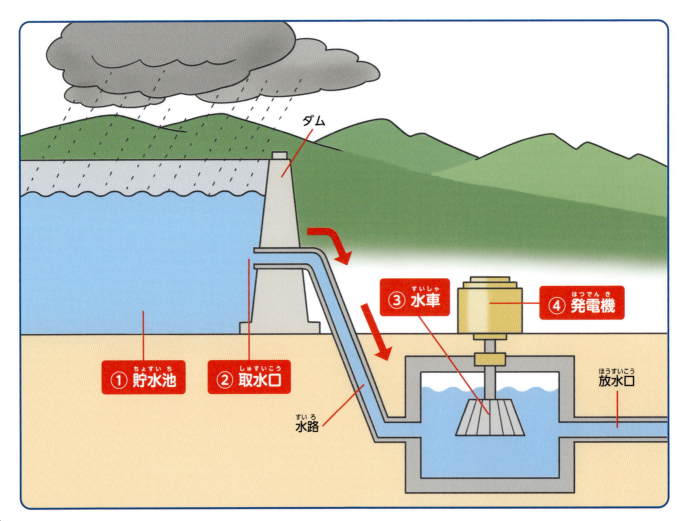

水力発電の種類

水力発電は、河川の水の流れを利用するか、水をためて使うかなど、運用方法のちがいや、ダムなどの構造物をつくるかどうかのちがいにより、さまざまな種類があります。けれども、基本的に水が落ちるときの力（エネルギー）を用いて発電するしくみは同じです。

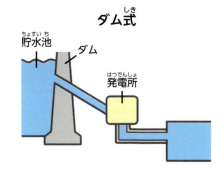

ダム式

河川などにダムを建築して水をため、ダムから水が流れ落ちるときの高低差を利用して発電する。

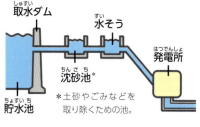

水路式

＊土砂やごみなどを取り除くための池。

河川の上流で水をせきとめ、水路で水を運び、高低差があるところで水を流して発電する。

電力の需要と供給のバランスを保つ「揚水式発電」

水力発電の一つである揚水式発電は、河川の上流と下流に水をためる貯水池をつくり、低いところにある貯水池から高いところにある貯水池に水をくみ上げ、その水を流して発電するしくみです。水を高いところへくみ上げる点が、ほかの水力発電とちがいます。電力の使用量が少ない夜間に電気を使って水をくみ上げておき、電力を多く必要とする昼間に水を流して発電します。電力の需要と供給のバランスを保つ役割も果たします。

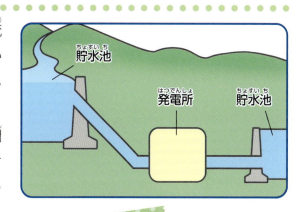

水力発電のよい点

- ダムなどを建設するときに、二酸化炭素を排出するが、発電のときには二酸化炭素を排出しない。
- 建設には多くの費用がかかるが、メンテナンスをすれば長く使えるため、発電にかかる費用は少ない。
- 必要な燃料は水だけなので、くり返し使える「再生可能エネルギー」である。

水力発電の課題

- 極端に降水量が少ない場合、発電ができなくなる。
- ダムを建設するのに適した場所を見つけることがむずかしい。
- 河川を利用する権利の取得がむずかしい。

もっと知りたい！

日本で一番貯水量が多いダムは？

日本で貯水量が最大のダムは、岐阜県揖斐郡揖斐川町にある徳山ダムです。最大で6億6,000万㎥（およそ浜名湖2つ分！）の水をためることができます。徳山ダムは発電のほか、揖斐川の洪水を防ぐために川の水量の調整をしたり、愛知県や岐阜県などに水道水や工業用水を供給したりする役割も果たしています。

岐阜県の揖斐川上流にある徳山ダムは、施設の規模でも日本最大。

原子力発電

火力発電と同じように、水を熱し、発生した蒸気で「タービン」と呼ばれる羽根車を回し発電します。原料となるのは「ウラン」という物質です。少量で、大量のエネルギーをつくり出すことができます。

原子力発電の燃料は？

原子力発電に使われる「ウラン」は、写真のようなウラン鉱石から取り出されます。ウラン鉱石を日本で採掘できる場所は少なく、外国から輸入しています。原子力発電は、ウランが「核分裂」するときに発生する熱エネルギーを利用します。

写真提供／日本原子力研究開発機構

「核分裂」のしくみ

すべての物質は「原子」という、とても小さな粒子が集まってできています。下の図のように、原子は中心にある「原子核」と、原子核の回りをとぶ「電子」からできています。原子核は「陽子」と「中性子」からできています。ウランの原子核に中性子がぶつかると、原子核が分裂する「核分裂」が起こり、それをくり返すことで非常に大きなエネルギーが発生します。原子力発電は、このエネルギーを利用します。

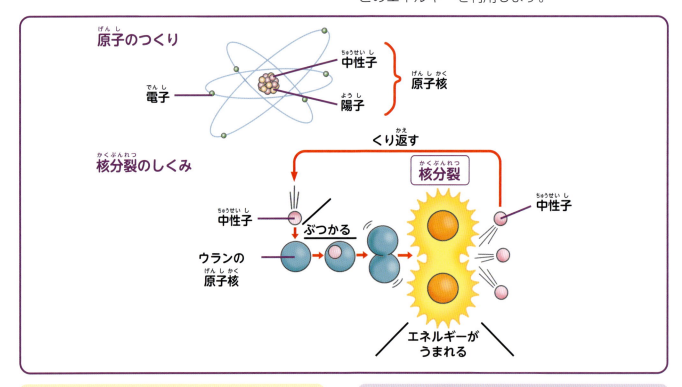

原子力発電のよい点

- 二酸化炭素をほとんど排出しない。
- 石炭や石油を使う火力発電とくらべて、大きなエネルギーをつくることができる。
- 原子力発電の燃料であるウラン鉱石は、世界中で採掘できるため、価格が安定している。

原子力発電の課題

- 使用済みの放射性廃棄物の安全な処理法や、処分場がまだ決まっていない。
- 災害などが起きた場合、放射性物質が放出する事故が起きるおそれがある。
- 原子力発電所の建設や運営には、多額の費用がかかる。

原子力発電のしくみ

日本の原子力発電は、アメリカで開発された「軽水炉」といわれる原子炉*1を採用しています。原子力発電では、①燃料のウランが②の「原子炉」のなかで、核分裂してうまれた熱エネルギーで水を熱し、蒸気を発生させます。蒸気の力で③の「タービン」を回すと、つながっている④の「発電機」も回り、発電します。タービンを回し終えた蒸気は、⑤の「復水器」のなかで冷却水（海水）で冷やされ、再び原子炉に送られます。

*1 核分裂の反応を制御しながら、エネルギーを発生させる装置のこと。

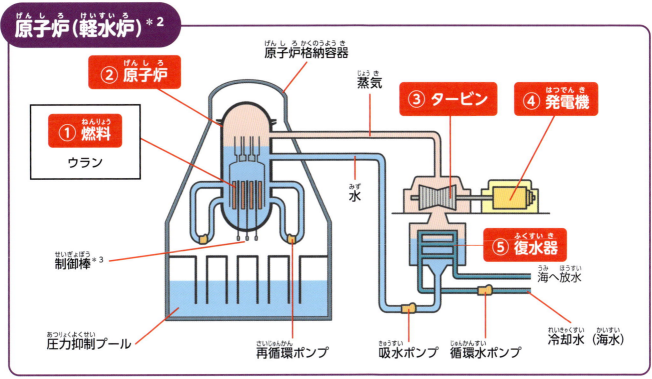

原子炉（軽水炉）*2

*2 軽水炉には「沸とう水型炉」と「加圧水型炉」があり、図は「沸とう水型炉」のしくみです。原子炉内で蒸気を発生させる方法がちがいます。
*3 核分裂を起こす中性子のはたらきをおさえます。

もっと知りたい！

2011年3月21日、事故から10日目の東京電力福島第一原子力発電所3号機。
写真提供／東京電力ホールディングス株式会社

安全な原子力発電をめざして

2011年3月11日、東北地方の三陸沖でマグニチュード9.0の大地震が発生しました。巨大なゆれと大津波が福島県にある東京電力の福島第一原子力発電所をおそいます。ゆれと津波により冷却するための設備や非常用電源設備などが破損したため、核燃料を冷やすことができなくなり、放射性物質がもれ出すという災害が発生しました。この事故を教訓に、世界中でより安全な原子炉の研究が進んでいます。日本では、小型でエネルギー出力が小さく、安全性が強化された「小型モジュール炉」などの開発や、使用済み燃料の再利用などの研究・開発が進められています。

13

ガスはどうやってつくるの？

日本の家庭で使うガスには、「都市ガス」と「プロパンガス」の2種類があります。ガスはどのようにつくられ、届けられているのでしょう？

ガスの種類：「都市ガス」と「プロパンガス」とは？

都市ガス

おもな成分はメタンという天然ガス（8ページ）で、ほとんどを外国から輸入しています。メタンを−162℃まで冷やして液体にしたのが「液化天然ガス（LNG*1）」です。液体にすると体積が約600分の1に減ります。−162℃を保てる専用のタンカーで日本まで運びます。

*1 LNGは、Liquefied Natural Gas（リキファイド・ナチュラル・ガス）の略で、日本語では「液化天然ガス」といいます。

都市ガスのよい点

- ガス管が通っていれば供給できるため、人件費がかからず、料金が低くおさえられる。
- 運搬にトラックや鉄道などを用いず、地中にうめられた配管を使うため、二酸化炭素の排出が少ない。

都市ガスの課題

- ガス管の設備が整っていない地域では利用できない。都市ガスが利用できる地域は、全国で約7％ほど。
- 都市ガスのガス管は、柔軟性・耐震性に優れているが、万が一破損すると、修理して復旧するまでに時間がかかる。

プロパンガス

おもな成分はブタンやプロパンなどの石油ガス*2で、多くを外国から輸入しています。ブタンやプロパンを常温で圧力をかけるか、−42℃まで冷やして液体にしたのが「液化石油ガス（LPG*3）」です。液体にすると、体積が約250分の1になります。専用のタンカーで日本まで運びます。液体になる温度がLNGほど低くないので、小型のタンカーでも運べます。

*2 油田や天然ガス田のガスから取り出されます。原油を精製する過程でも発生します。

*3 LPGは、Liquefied Petroleum Gas（リキファイド・ペトローリアム・ガス）の略で、日本語では「液化石油ガス」といいます。

プロパンガスのよい点

- ガスボンベが家庭に設置されているため、災害時でも使うことができる。復旧作業もはやくおこなえる。
- ガスボンベを運ぶことができれば、山間部や島など、全国どこでも利用できる。

プロパンガスの課題

- 利用する場所にガスボンベを配達する必要があるため、人件費がかかり、都市ガスにくらべて料金が高くなる。
- ボンベの転倒やガスもれに注意してあつかう必要がある。

都市ガスが届くまで

> ぼくの家は都市ガスで、おばあちゃんの家はプロパンガスなんだ。

①の「タンカー」で外国から輸入した液化天然ガス（LNG）は、②の「タンク」に貯蔵されます。③の「気化器」で温度を上げて、液体から気体に変えます。次に、熱量を調整*4し、においもつけます。製造した都市ガスを④の「ガスホルダー」で貯蔵します。ガスホルダーは高圧のガスをためておけるように球形になっています。⑤の「変圧器」で、ガスの圧力を下げて大規模な工場などに供給し、一般家庭向けには、さらに低圧にしたガスを供給します。

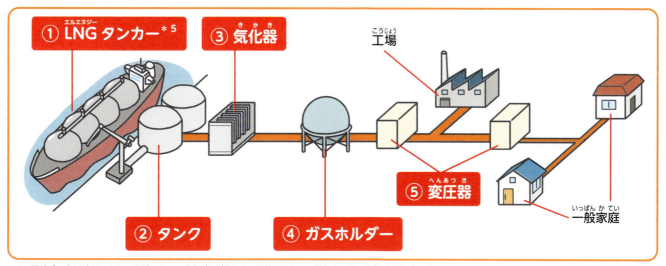

*4 天然ガス（LNG）は、とれる場所によって成分がちがうため、燃焼したときに発生する熱の量（発熱量）がちがいます。そのため、天然ガスに液化石油ガスを混ぜて調整しています。
*5 LNGタンカーは、液化天然ガス（LNG）を-162℃に保って運ぶため、タンクはじょうぶな球形の形で、-162℃の超低温に耐えられる材質の鉄板や、分厚い断熱材でおおわれています。

プロパンガスが届くまで

①の「タンカー」で外国から輸入した液化石油ガス（LPG）を②の「タンク」に一時的に貯蔵します。すぐに③の「タンクローリー車」や「内航船*6」に積みこまれて、④の「充てん所」でストレージタンク*7に貯蔵され、家庭用のガスボンベにつめられます。そして、配送車で各家庭に配送されます。

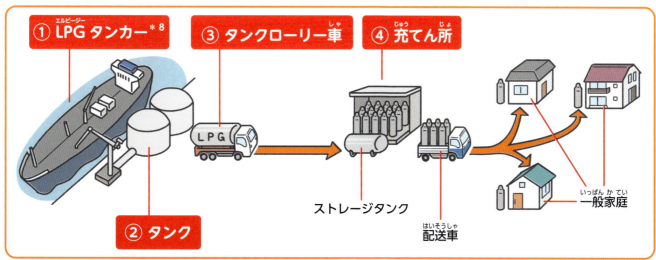

*6 日本国内の港と港の間を航海する船で、国内の貨物輸送を担っています。
*7 運ばれたガスを貯蔵するためのタンクで、高圧に耐えられる設計になっています。
*8 ガスを液体にして運ぶため、高い圧力をかけるので、高圧に耐えられる強い構造になっています。

日本の「エネルギー自給率」は？

日本のエネルギー自給率は低く、電気やガスをつくるための燃料のほとんどは外国からの輸入にたよっています。エネルギーを安定して供給するためにはどんなくふうをしているのでしょうか。

「エネルギー自給率」とは？

必要なエネルギーを自国で確保できる割合のことを「エネルギー自給率」といいます。発電や自動車などに使う燃料には、石油、石炭、天然ガスなどの化石燃料が使われています。日本はこれらの燃料のほとんどを、外国からの輸入にたよっているため、エネルギー自給率は約13％しかありません。そのため、太陽光発電や水力発電など、再生可能エネルギーを増やしたり、新しいエネルギーを開発したりして、自給率を上げていく必要があります。

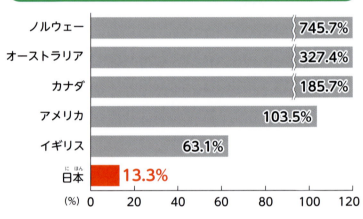

世界の主要国のエネルギー*自給率
- ノルウェー 745.7％
- オーストラリア 327.4％
- カナダ 185.7％
- アメリカ 103.5％
- イギリス 63.1％
- 日本 13.3％

資源エネルギー庁「主要国の一次エネルギー自給率比較（2021年）」より作成

＊一次エネルギー（6ページ）でくらべています。

なぜ、日本はエネルギー自給率が低いの？

昔は、日本の国内で火力発電の燃料となる石炭がとれていたため、水力発電と合わせると、エネルギー自給率は50％ほどありました。しかし1950年代半ば〜1974年の高度経済成長期にエネルギー消費量が増え、国内の石炭だけではまかなえず、外国の化石燃料にたよるようになりました。また、2011年の東日本大震災による原子力発電所の事故の影響で、全国の原子力発電が停止＊したことも、自給率低下の原因の一つとなりました。右の図は日本の発電燃料の割合です。液化天然ガス（LNG）が一番多く、次に多いのは石炭です。これらと、石油をふくめた化石燃料が約60％をしめ、その大部分を輸入にたよっています（20ページ）。

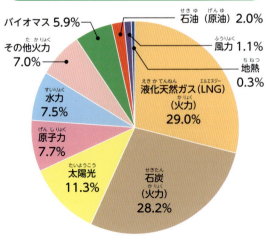

日本の発電燃料の割合
- バイオマス 5.9％
- その他火力 7.0％
- 水力 7.5％
- 原子力 7.7％
- 太陽光 11.3％
- 石炭（火力）28.2％
- 液化天然ガス（LNG）（火力）29.0％
- 地熱 0.3％
- 風力 1.1％
- 石油（原油）2.0％

ISEP「日本国内の電源構成（2023年度）」より作成

＊2024年時点では、安全の確認がされた12基の原子力発電所で発電しています。

もっと知りたい！

日本のエネルギーの今と昔

人間がはじめてエネルギーを利用したのは、「火力」でした。あたたまるため、調理をするため、明るくするため、火を使いました。やがて木を加工してまきや炭にして燃料として使うようになりました。その後18世紀から世界中で起こった産業革命により、機械化が進み、人びとの生活は便利になりますが、化石燃料の消費も増えていきます。石油をめぐって戦争も起こりました。

現在は、世界の国々が安定してエネルギーを得られるように、国をこえて石油を備蓄する協力体制がつくられたり、新しいエネルギーを共同で開発したりしています。

数十万年前
火を使うことで食べものの加工ができるようになり、生活が豊かになりました。

1700～1800年代
産業革命で社会は進歩しました。しかし、化石燃料を確保するために国どうしの争いも起こりました。

1940年代
日本は石油をアメリカから輸入していましたが、アメリカが日本に対して石油輸出禁止政策をとったため、日本はアメリカに宣戦布告し、太平洋戦争（1941～1945年）がはじまりました。

1950年代半ば～1974年
日本は急速な経済成長をとげます（「高度経済成長期」といいます）。「三種の神器」（白黒テレビ、冷蔵庫、洗たく機）と呼ばれる電気製品が普及しました。

1970年代
石油産出量の多い中東で、戦争や革命をきっかけに、石油が大きく値上がりし、世界経済が大混乱しました（「オイルショック（石油危機）」と呼ばれています）。

現在
世界で安定してエネルギーを供給できる協力体制がつくられたり、新しいエネルギーの開発を共同でおこなったりするようになりました。

日本の停電率の低さは、世界でもトップレベル！

アメリカのカリフォルニア州では、1軒あたり1年に6時間近く停電しています。それにくらべて日本は停電が少なく、東日本大震災があった2011年、台風（19号）の被害が大きかった2019年、能登半島地震があった2024年をのぞけば、停電したのは、1軒あたり1年で回数にして1回未満、10分ほどの時間です。

エネルギー自給率は低い日本ですが、停電の少なさは世界でもトップレベルだといえます。どうして日本は停電しないのでしょう。日本には電気事業の高い技術があり、たとえ送電システムに異常が発生してもすぐに復旧し、別の回線で送電するしくみがつくられているからです。

先進国のなかでも日本は停電が少ないのね！

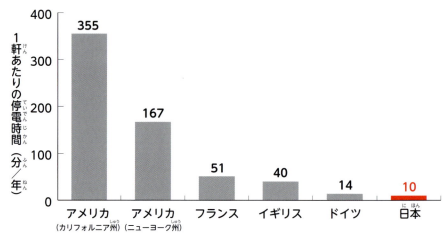

世界各国の1軒あたりの停電時間

- アメリカ（カリフォルニア州）: 355
- アメリカ（ニューヨーク州）: 167
- フランス: 51
- イギリス: 40
- ドイツ: 14
- 日本: 10

（分／年）

東京電力ホールディングス「数表でみる東京電力（2022年度末）」より作成

🔍 もっと知りたい！

カリフォルニア州に停電が多いのは？

カリフォルニア州は、アメリカ大陸の西海岸に位置し、再生可能（自然）エネルギーによる発電に力を入れている地域です。ところが異常気象による猛暑が続き、電力の供給が足りなくなり、停電が起きることがしばしばあります。水不足により、ダムの水位が下がり、水力発電の量が少なくなることもあります。

また、地域の電力設備の老朽化という問題もあります。修理するために、電力会社が計画的に停電をおこなうこともしばしばです。さらに、気候変動による山火事も増えています。大規模な火災により送電設備がこわれ、ますます停電が増加しています。

カリフォルニア州では自宅に発電機を置き、停電にそなえている家庭も多くあります。

停電を防ぐくふうは?

①日本全国にゆきわたる送電線

日本は全国にはりめぐらされた送電線で電力がゆきわたっています。そのため、日本のどこかで電力不足が発生しても、電力会社の垣根をこえてほかの地域から電力が供給されるようになっています。どの地域でも安定して電力を使えるシステムが整っているのです。

②需要と供給のバランス

一度発電した電気は大量にためておくことはできません*。また、発電量と消費量が同じ時間に同じ量になっていないと電気の周波数が乱れてしまい、電気を正常に供給できなくなってしまいます。このようなトラブルがないように、つねに需要と供給のバランスを正確に監視し、適切な発電量を調整するシステムが確立されています。

* スマートフォンや電気自動車に用いられる「じゅう電池」(「蓄電池」ともいいます)という電気をためておく装置はありますが、大量の電気をためることはできません。

③高い技術力

送電システムや発電設備などを日ごろから保守点検をし、メンテナンスを定期的におこなっています。また、自治体などと協力して、復旧作業の訓練もおこなっているため、停電することも少なく、復旧もはやいのです。

🔍 もっと知りたい！

万が一、停電になったら、次のことに気をつけよう！

通電火災に注意しよう

地震で停電したとき、倒れた電気ヒーターや照明器具などに燃えやすいものがふれていると、電気が復旧したときに発火することがあります。家を出て避難するときは、ブレーカーを切っておきましょう。

感電に注意しよう

ぬれた手などでコンセントやプラグをさわると、電気が復旧したときに感電する危険があります。災害で電柱が倒れたり、電線がたれ下がったりしているときも近づいてはいけません。そのような状況を見つけたら電力会社に連絡しましょう。

発電機は屋外で使おう

停電したとき、燃料を燃やすタイプの発電機を使う場合は、有害な一酸化炭素が発生するため、屋外で使いましょう。また排気が部屋に入らないようにしましょう。

日本のエネルギー資源はどこからくるの？

石油（原油）や石炭、天然ガスなどの化石燃料が少ない日本では、外国からエネルギー資源を輸入しています。おもに石油は中東から、石炭や天然ガスはオーストラリアやマレーシアから輸入しています。日本がエネルギーを輸入する国を見てみましょう。

＊化石燃料を輸入している上位4位までの国と、原子力発電に使用するウランをおもに輸入している国を示しています。

日本原子文化財団「原子力・エネルギー図面集（2024年）」より作成

石油（原油）は…

サウジアラビアとアラブ首長国連邦からそれぞれ約40％ずつ輸入しています。クウェートから約8％、カタールからの約4％などもふくめるとおよそ90％を中東地域から輸入しています。石油は長さ300mもあるタンカーで約1万2,000km離れた中東から運びます。

石炭は…

おもにオーストラリアから約70％、インドネシアから約13％、カナダから約6％、アメリカから約4％輸入しています。石炭は梱包せずにそのまま貨物室に入れることができる「ばら積み船」で運搬します。石炭は発電用だけでなく、鉄鋼業にも使われています。

もっと知りたい！

暮らしを守る「エネルギー・ミックス」とは？

1970年代に、石油を産出する中東地域で戦争が起こりました（中東戦争）。石油の輸出制限や値上げが起こり、日本をはじめ、世界の経済に深こくな影響を与えました。これは「オイルショック（石油危機）」と呼ばれています。この経験から、日本は、特定の地域にエネルギーの輸入をたよらず、さまざまな国から輸入するようになりました（「エネルギー・ミックス」といいます）。とくに産業にかかせない石油は、日本政府による備蓄と石油会社による備蓄がおこなわれていて、陸上、地下、海上のタンクに190日分の石油がたくわえられています。

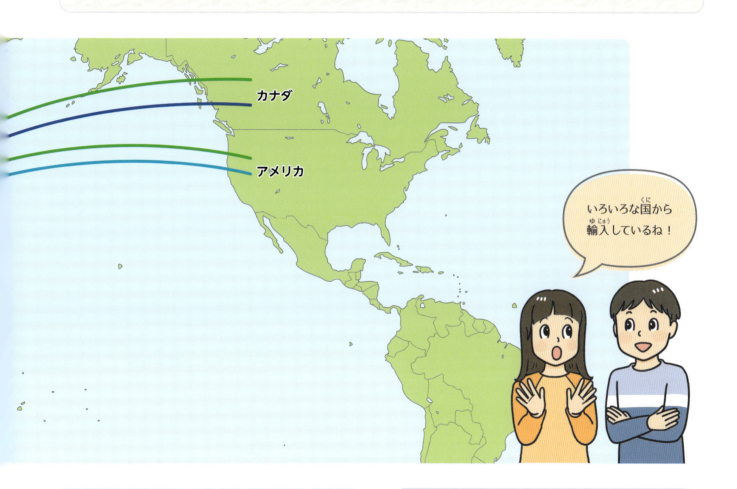

いろいろな国から輸入しているね！

天然ガスは…

おもにオーストラリアから約40％、マレーシアから約16％、ロシアから約10％、アメリカから約9％輸入しています。地下数千mから掘り出された気体の天然ガスは、－162℃まで冷やして液体にし、超低温に耐えられる金属製のタンクにつめ、保冷設備の整ったタンカーで日本まで運びます。

ウランは…

原子力発電の燃料となるウランは、オーストラリアやカナダ、イギリスなどから輸入しているほか、日本の企業が現地（たとえばアフリカのニジェールなど）に行き、開発や採掘に協力して輸入する方法もとっています。ウランは使用した燃料を国内でリサイクルして再び利用することができます。

気候や風土をいかす「再生可能エネルギー」とは?

自然界に存在して、発電に利用できる「自然エネルギー」には、太陽光、風力、水力、地熱、バイオマスなどがあります。くり返し使え、なくならないことから「再生可能エネルギー」とも呼ばれます。日本で利用している再生可能エネルギーの特徴を見ていきましょう。

地熱発電

温泉は地下水が地下のマグマで熱せられてわき出たものですが、地熱発電ではこの「熱エネルギー」を使います。熱い蒸気を地中から取り出してタービンを回し、発電します。使ったあとの熱水はまた地中にもどします。写真は大分県玖珠郡の八丁原発電所です。地熱発電は、火山が近くにある場所が適しています。日本では東北や九州で多く、とくに大分県は地熱発電量第1位です。

写真提供/九電みらいエナジー株式会社

水力発電

水が高いところから低いところに落ちるときのエネルギーで発電します(10ページ)。写真は福島県と新潟県の県境にあるJ-POWER奥只見発電所です。ダムの高さは157mあります。日本は降水量が多く、河川も豊富で水資源に恵まれています。山地も多く水流を利用する水力発電に向いています。

写真提供/J-POWER電源開発株式会社

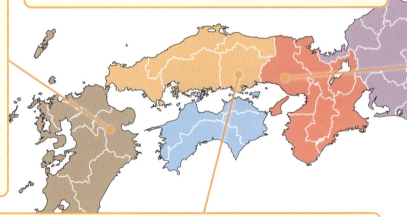

太陽光発電

太陽光パネルを使って、太陽の光のエネルギーを電気エネルギーに変える発電です。写真は、岡山県美作市の山中にあるパシフィコ・エナジー作東メガソーラー発電所*です。敷地には森林を多く残し、東京ドーム50個分ほどの面積に太陽光パネルを設置しました。太陽光発電に適しているのは、日照時間が長く晴れの日が多い地域です。

*大規模な太陽光発電所を「メガソーラー」といいます。

写真提供/パシフィコ・エナジー株式会社

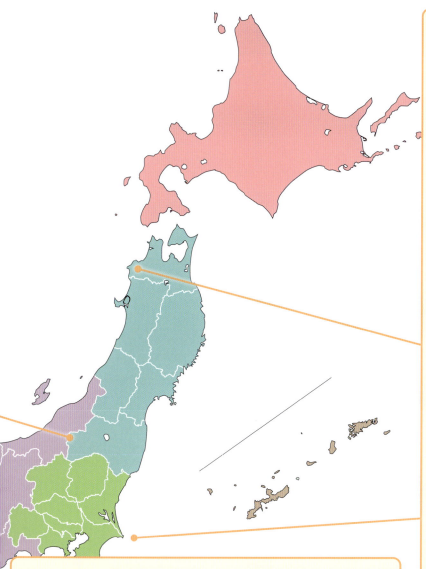

陸上風力発電・洋上風力発電

風力発電は、風が風車の羽根にあたり、風車が回転することで発電機をまわして発電します。風力発電には、年間の平均風速が6m/秒以上ある、風がよく吹く地域が適しています。日本は国土の4分の3が山地で平野が少ないため、大規模な陸上風力発電は設置しにくい地形です。そのいっぽうで、海に囲まれた島国であることをいかし、海上に設置する「洋上風力発電」の建設が進んでいます。海上では、陸上よりも強い風が安定的に吹き、また近隣の民家への風車の騒音などの影響も少ないという利点があります。写真は、陸上に設置された青森県つがる市の「ウィンドファームつがる風力発電所」と、千葉県銚子市沖の海上に設置された「銚子市沖洋上風力発電所」です。銚子市沖の洋上風力発電は、海底に固定された「着床式洋上風力発電」です。このほかに、長崎県五島市沖や、岩手県久慈市沖では、風車を海上に浮かぶ構造物に設置する「浮体式洋上風力発電」を設置し、漁業への影響などを調べています。

陸上風力発電

写真提供／株式会社グリーンパワーインベストメント

洋上風力発電

写真提供／東京電力リニューアブルパワー株式会社

バイオマス発電

バイオマス発電は、木材や農産物の廃棄物、家畜の排せつ物などを燃やして水を熱して蒸気を発生させ、タービンを回して発電します。二酸化炭素を排出しますが、燃料となる動植物は空気中の二酸化炭素を取りこんでいるため、大気中の二酸化炭素を増やすことにはなりません。写真は兵庫県相生市にある木質ペレットを用いた国内最大のバイオマス発電所です。バイオマス発電は、天候や時間に関わらず発電でき、さまざまな材料を燃料として用いることができるため、地域の産業をいかして発電することができます。

写真提供／相生バイオエナジー株式会社

再生可能エネルギーを もっと知ろう

化石燃料を燃やすと地球温暖化の原因となる二酸化炭素を排出しますが、「自然エネルギー」を用いる再生可能エネルギーは、二酸化炭素を排出しない点が最大の特徴です。再生可能エネルギーのよいところ、課題点を見てみましょう。

よいところ

くり返し使えて、なくならない
太陽や風、雨水など、地球にある自然の資源は、わたしたちがずっと使っていけるエネルギーです。

二酸化炭素を増やさない
化石燃料を燃やすと、温室効果ガスである二酸化炭素を排出し、気候変動が進みます。再生可能エネルギーは、二酸化炭素を増やすことがない、気候への影響が少ないエネルギー*です。

*発電設備の建設などでは発生します。

世界中で利用できる
石油などの化石燃料は、産出する場所が限られています。しかし、再生可能エネルギーは、地域によって利用しやすいものはことなりますが、どの国でも利用できるエネルギーです。

災害時でも電気を確保しやすい
大きな発電所で事故が起こると、広い範囲で停電する可能性があります。再生可能エネルギーは、設備が分散されていることが多く、災害時に電気を確保できます。避難所に太陽光発電の設備があれば、非常用電源として利用できます。

課題

天候に影響される
太陽光発電は、雨やくもりの日にはあまり発電できません。風力発電は、風が吹かなければ発電できません。水不足の年は水力発電は不安定になります。電気をためる蓄電池を使うなど対策が必要になります。

コストが高い
一定の発電量あたりの費用でくらべると、再生可能エネルギーは燃料は必要ありませんが、必要な設備や工事費などが、火力発電にくらべて高価です。今後、コストの低下や発電効率を上げることが期待されています。

環境や景観への影響
再生可能エネルギーの発電施設は自然を利用するため、野生の生きものや、景観に影響を与えるおそれがあります。風力発電は騒音の問題＊もあります。さまざまな調査が必要です。

＊風車の羽根（ブレード）が回転するときの音など。

古くなった太陽光パネルのごみ問題
太陽光パネルの寿命は 20～30 年程度といわれています。2000 年代に急速に太陽光発電が普及したため、2030 年代にはこれらの太陽光パネルの寿命がきます。安全、安価に廃棄したり、リサイクルしたりする技術の開発や、リサイクル制度を整える必要があります。

もっと知りたい！

再生可能エネルギーの導入が進んだきっかけは？

再生可能エネルギーを導入してもどのくらいの利益が得られるかがわからず、なかなか事業者や個人の間で導入が進みませんでした。そこで 2012 年に再生可能エネルギーで発電した電気を、電力会社が、国が設定した価格で買い取る「再生可能エネルギー固定価格買い取り制度（Feed-in Tariff：FIT）」が定められました。

これにより見通しが立ちやすくなり、日本での再生可能エネルギーの導入が一気に進むことになりました。

2 新しいエネルギーの開発を見てみよう

日本の取り組みを知ろう

エネルギー資源が少なく、エネルギー自給率の低い日本では、化石燃料にたよらず、安定してエネルギーを得るために、どんな取り組みをしているのでしょう。

日本の政策「S+3E」とは？

日本のエネルギー政策の基本方針は、「S+3E」で表されます。はじめの「S」は安全性（Safety）です。2011年に発生した福島第一原子力発電所の事故に対する反省と教訓をいかし、「安全性」を第一に考えています。「3E」とはEではじまる①安定供給（Energy Security）、②経済効率性（Economic Efficiency）、③環境適合（Environment）を表しています。日本は資源が少なく、現状では3つを満たすエネルギー源はありません。いろいろなエネルギー源を組み合わせて、それぞれの強みをいかしながら、バランスの取れたエネルギー供給のしくみをつくろうとしています。

Safety「安全性」
- 「安定供給」 **E**nergy Security（自給率を上げる）
- 「経済効率性」 **E**conomic Efficiency（電力コストを下げる）
- 「環境適合」 **E**nvironment（温室効果ガス排出量を削減する）

「安定供給」とは
自然災害や事故が起こっても、停電しにくく、復旧がはやくできるシステムをつくる必要があります。また、エネルギー自給率を上げて、外国の情勢に影響されず安定した供給をめざします。

「経済効率性」とは
少ないお金や資源で電気やガスをつくり、むだなく使うことをめざします。外国から輸入しなければならないが、天候に影響されない化石燃料と天候に影響されるが、二酸化炭素を排出しない再生可能エネルギーをバランスよく使える技術の開発が必要です。

「環境適合」とは
日本は2050年に、温室効果ガスの排出ゼロをめざす「カーボンニュートラル」の達成を宣言しました。そのため、再生可能エネルギーなど、二酸化炭素の排出が少ない「クリーンエネルギー」の導入を進めています。

日本のエネルギー開発の技術を世界とくらべてみよう

　地球温暖化の原因となる二酸化炭素を排出しない「脱炭素社会」をめざし、世界中で研究や開発が進められています。日本でも、さまざまな分野で技術開発に取り組んでいます。画期的な技術を開発できれば、温室効果ガスを減らすことはもちろん、日本の経済の発展にもつながります。下の図はエネルギーに関わる各国の技術力を、得られた特許などの数や価値を数値で表したグラフです。先進国のなかでくらべてみても、日本は高い技術をもっていることがわかります。

資源エネルギー庁「エネルギー白書（2021年）」より作成

洋上風力産業

海上で風の力を利用して発電する洋上風力発電は、風車を海底から設置する着床式と、海に浮かんだ構造物に設置する浮体式があります。技術開発が進んでいる中国が1位です。日本は三菱重工の発電機や浮体構造などの特許が高く評価されています。

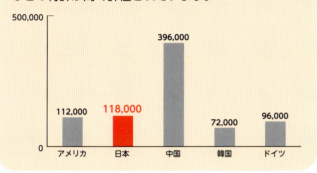

水素産業

水素は二酸化炭素を出さない燃料として注目されています（28ページ）。日本は、とくに燃料電池自動車などの研究開発が進んでいて1位です。トヨタ自動車などが、燃料電池自動車に関連する特許で、世界で高い評価を得ています。

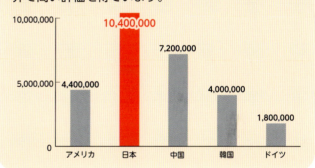

燃料アンモニア産業

アンモニアは肥料などの原料として使われていますが、燃やしても二酸化炭素を出さないため、燃料として使うことも研究されています。日本では石炭を用いる火力発電の燃料にアンモニアを混ぜることで、石炭の使用量をおさえる方法を研究しています（30ページ）。1位はアメリカ、2位は中国、日本は3位です。

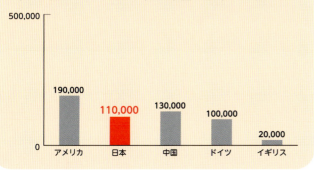

原子力産業

従来の原子力発電所よりも小型で出力が小さく、災害が起こってもすぐに停止できる「小型モジュール炉」や発電効率の高い「高温ガス炉」などが開発されています。原子力技術については、アメリカと中国が強い分野ですが、日本もヨーロッパとともに研究を進めています（13ページ）。

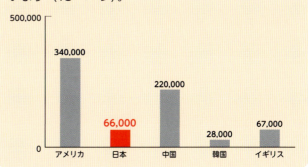

水素・アンモニアを発電に利用する

再生可能エネルギーは、天候により発電する量が変わるため（25ページ）、安定して電気を使うためには天候に関係なく発電できる方法が必要です。火力発電は、化石燃料の燃焼により二酸化炭素を排出しますが、天候に関係なく発電量をコントロールしやすいというよさがあります。そこで、二酸化炭素を排出しない燃料として水素やアンモニアを利用する火力発電が開発されています。

水素

なぜ、水素に着目したの？

水素は、燃やしたときに二酸化炭素が出ません。また、水素は、火力発電のおもな燃料の一つである天然ガスとの相性がよく、天然ガスと一緒に水素を使うことができます。天然ガスだけで発電量を増やそうとすると、二酸化炭素が排出されますが、天然ガスを水素に置きかえていけば二酸化炭素排出量を減らすことができ、将来は水素発電に変えることができます。

水素の特徴

- 無色・無臭・無毒の気体。
- すべての気体のなかで一番軽い。
- 水素は酸素と結びついて、水になる。
- 燃えやすく、燃やしても二酸化炭素が出ない。
- 空気中にはわずかにしか存在しないが、水から水素を取り出せるので無限にあるといってよい。

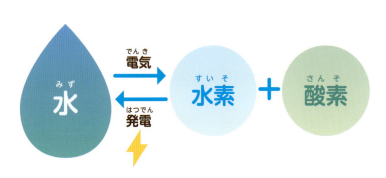

水素は電気を使って水から取り出せるし、水素と酸素を化学反応させると発電することもできるんだね。

水素はどうやってつくるの？

水素は空気中にはほとんどないので、水を電気で分解する方法や、天然ガスなどを化学反応させる方法でつくります。しかし、天然ガスなどの化石燃料を使う方法では二酸化炭素が出てしまいます。この二酸化炭素を回収して地中にうめる技術を使ってつくった水素のことを「ブルー水素」と呼びます。また、再生可能エネルギーで発電した電気を使って、水を分解してつくった、二酸化炭素を排出しない環境にやさしい水素を「グリーン水素」と呼びます。今はまだ少ないですが、日本だけでなく、世界中でグリーン水素をつくって活用することをめざしています。

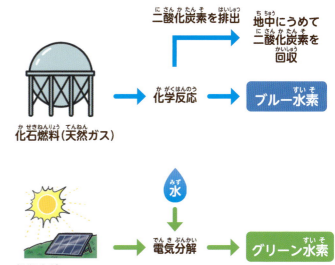

水素の課題は？

水素で発電するには大量の水素が必要となります。外国から船で水素を輸入する場合、気体の状態では体積が大きすぎるので、液体にする必要があります。しかし、水素を液体にするには、-253℃まで冷やさなくてはなりません。冷やすために必要なエネルギーと設備がよぶんに必要になってしまいます。そこで、水素を、-33℃で液体になる「アンモニア」にして、運んだり保管したりする方法も検討されています（30ページ）。

🔍 もっと知りたい！

水素はどんなところに使われる？

水素と酸素を化学反応させると（28ページ）、電気が発生するしくみを利用した「燃料電池」がバスや自動車に用いられています。二酸化炭素を排出せず、排出されるのは水だけなので環境にも安全です。

また、打ち上げに大きなエネルギーが必要なロケットの燃料にも使用されています。

◀燃料電池バス

▶液体水素を燃料として使うロケット

アンモニア

なぜ、アンモニアに着目したの？

アンモニアは水素と窒素からできています。水素と同じように、燃やしても二酸化炭素を発生しません。そこで、化石燃料のかわりにアンモニアを使う方法が研究されています。使う燃料は変わっても発電量はそのままで、排出する二酸化炭素を減らすことができるようになります。

アンモニアはすでに、肥料や樹脂、合成繊維などの材料として広く使われていて、安全に運ぶための技術も確立しています。また、石炭と一緒に使うことができるので、石炭火力発電所の設備を少し変えるだけで施設を使うことができます。

アンモニアの特徴

- 無色だが、強いにおいがある気体。
- たくさん吸いこむと人体に有害であるため、取りあつかいには注意が必要。
- 水にとけやすい。水にとけるとアルカリ性の液体になる。
- 植物の栄養となるため、肥料の材料として使われている。

アンモニアはどうやってつくるの？

アンモニアは水素と窒素を化学反応させてつくります。原料の水素がどのようにつくられたかによって呼び方が変わります。ブルー水素からつくられたアンモニアは「ブルーアンモニア」、グリーン水素からつくられたアンモニアは「グリーンアンモニア」と呼びます（29ページ）。

もっと知りたい！

株式会社JERAの取り組み

アンモニアで2050年に二酸化炭素排出量ゼロをめざす！

日本は2050年には「カーボンニュートラル」（38ページ）をめざしています。そのためには、太陽光や風力などの自然の力を使った再生可能エネルギーも利用しながら、発電するときに排出する二酸化炭素を減らすことが必要です。株式会社JERAでは、洋上風力発電の開発に力を入れるとともに、今までの火力発電所で使っていた化石燃料を、二酸化炭素を出さない水素やアンモニアに変えることを進めています。水素やアンモニアだけを使った火力発電と再生可能エネルギーを組み合わせて、2050年までに二酸化炭素排出量ゼロを達成することを目標にしています。

アンモニアの課題は？

株式会社JERAの取り組み

　現在、アンモニアは国内で年間100万トン以上消費されています。石炭を使っていた燃料のうち、20％をアンモニアに置きかえて使う場合、1台の発電設備で約50万トンのアンモニアが必要になります。2030年には年間300万トン、2050年には年間3,000万トン必要になると予想されています。今後は安定してアンモニアを供給するために、つくる場所や輸入先の確保などが必要です。

　アンモニアを用いると、燃やすときに「窒素酸化物」と呼ばれる物質が石炭のみを燃やす場合とくらべて多く出てしまう心配がありました。けれども愛知県碧南市の碧南火力発電所でおこなわれた、石炭の一部をアンモニアに置きかえて発電する実験では、窒素酸化物の排出を石炭のみを燃やしたときと同じくらいにおさえることができました。この技術は国内で使うだけでなく、外国にも輸出することができ、日本の経済の発展を支える助けにもなります。

愛知県碧南市の碧南火力発電所　　写真提供／株式会社JERA

安全を第一に新しいエネルギーをうみ出す！

　水素を利用する場合でも、アンモニアを利用する場合でも、大切なのは「安全」です。二酸化炭素を排出しない、環境にやさしいエネルギーであることはもちろん、人間にとって安全なものでなくてはなりません。

　また、わたしたちが考えなくてはいけないことは、二酸化炭素の排出量を削減するだけではなく、生活にかかせないエネルギーをいかに安く効率的に、安定的に供給できるかということです。現在の便利な生活をがまんして地球の環境を守るのではなく、便利な生活はそのままに、地球環境もこわさない方法をさぐっていくことが必要です。

　世界がかかえるさまざまな問題のうち、エネルギー資源が原因のものが多くあります。エネルギー資源の少ない日本にとって、エネルギー問題の解決は重要です。日本のエネルギー利用の現状と未来について、"知ろうとする人"が増えれば、よい議論につながっていくでしょう。より多くの人がエネルギーへの関心を深めていくことが大切です。

エネルギー問題について学び、一緒に解決していきましょう！

株式会社JERA
企画統括部
脱炭素推進室 課長
濱本 晋さん

石炭を効率よく利用する

石炭を燃料とする火力発電を「石炭火力発電」といいます。火力発電は二酸化炭素を排出するため、環境への影響がありますが、現在、効率を上げて環境への負荷を減らすくふうがされています。

なぜ、「石炭」を利用するの？

現在の日本の発電の割合は火力発電が一番多くしめています（8ページ）。火力発電の燃料を見ると、石油は産出する国にかたよりがあり、紛争などによって輸入がむずかしくなるリスクがあります。また、天然ガスは、輸送のために冷やして液体にする必要があり、長期間の保管に課題があります。いっぽう石炭は世界中でとれるため、安定して供給でき、固体なので長期の保管も可能です。石炭は電気を安定してつくるために適した燃料なのです。

なぜ、石炭火力発電が必要？

電気の使用量は、活動する人が多い昼間に多く、夜間は少ないというように、時間帯によって変わります。原子力発電（12ページ）は、安定して電気をつくれますが、時間ごとに細かく電気の量を調整することには向いていません。再生可能エネルギー（24ページ）は、天候に左右されやすく、たとえば太陽光発電では、夜間に使用する電気は、まかなえないなどの弱点があります。

石炭火力発電は、必要なときに大量の電気をつくることができます。また、少ない燃料で大きなエネルギーをつくる技術も開発されました。二酸化炭素の排出を減らす研究を進める必要がありますが、安定した電力の供給をおこなうためには、火力発電と再生可能エネルギーなどの発電方法をバランスよく組み合わせることが大切です。

J-POWER（電源開発株式会社）の取り組み

石炭火力発電をおこなう神奈川県横浜市の磯子火力発電所

「今を支えて、未来を変える」
環境にやさしく持続可能なエネルギーをつくります！

J-POWER 電源開発株式会社
広報部広報室　中野優香さん

写真提供／J-POWER（電源開発株式会社）

大気汚染に配慮しながら効率を上げるくふう

石炭を使う火力発電では、排出するけむりによる大気汚染が心配ですが、過去数十年以上にわたって日本では効率的な燃焼方法と環境への負担を減らす技術が研究されてきました。現在では、日本の環境技術は世界トップクラスで、大気汚染物質の90％以上を取りのぞくことができるようになりました。

また、少ない石炭で多くの電気をつくる研究も進んでいます。2020年6月に運転を開始した広島県竹原市の竹原火力発電所では、超高温・超高圧の蒸気を使って効率的に電気をつくる設備を取り入れました。この結果、石炭火力発電として世界最高水準の発電効率を実現し、二酸化炭素排出量も減らすことができました。

環境へのくふう

- 石炭を燃やして排出される有害な物質（窒素酸化物、硫黄酸化物、粒子状物質など）を取りのぞく排煙脱硫装置などの環境対策設備を設置した。

効率を上げるくふう

- より少ない量の石炭で、より多くの電気をつくる技術を開発した。発電効率がよいので二酸化炭素の排出量もおさえられる。

磯子火力発電所の乾式排煙脱硫装置。水を使わないので廃水も出ない。

最新設備で電力を効率的につくる広島県竹原市の竹原火力発電所（新1号機）。

もっと知りたい！

パワーはそのままに、持続可能なエネルギーをつくる！

J-POWERでは、より少ない石炭でより多くの電気をつくる、さらなる方法を追求しています。バイオマス燃料（下水の汚泥や間伐材*1からつくった固形燃料など）を石炭に混ぜて使う方法もその一つです。また、固体の石炭を気体（ガス）に変化させて発電し、そこで発生した蒸気でも発電する2段階の方式で、いっそうの発電効率の上昇をめざしています。そして、発生した二酸化炭素を地中などにうめる技術や、農作物に使う技術*2などの開発を通して、二酸化炭素の排出がゼロとなる未来に向けて挑戦しています。

下水の汚泥からつくった固形燃料

間伐材からつくった固形燃料

*1 森林を健康な状態に保つため、密集した木をまびいてつくる木材。
*2 植物の生育（光合成で使う二酸化炭素として）に利用します。

地上に太陽をつくる!?「核融合」とは?

「核融合」は、太陽と同じしくみで熱エネルギーをつくり、発電する方法です。大きなエネルギーをつくり出すことができ、また電源を切れば反応を止めることができるため、安全性が高いと考えられている未来のエネルギーです。

「核融合」のしくみとは?

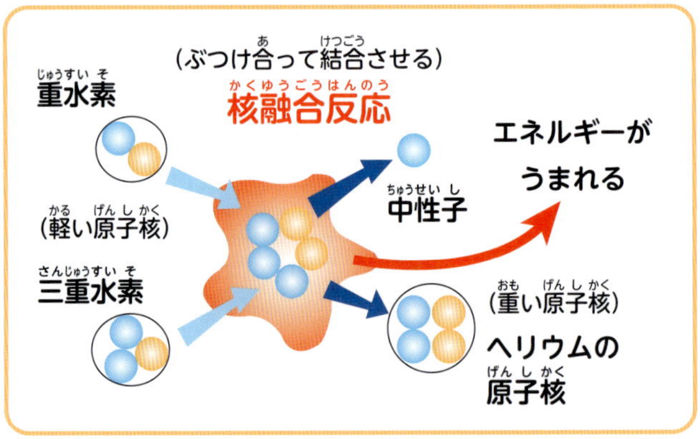

核融合は、"地上に太陽をつくる"ともたとえられる、今後、実用化が期待される未来の技術です。そのしくみを見ていきましょう。

太陽は高温のガスでできた球体で、地球のように岩石の地核はありません。太陽の中心部では、軽い水素の原子がぶつかり合い、重いヘリウム原子になる反応がくり返し起こっていて、巨大な光と熱のエネルギーがうみ出されています。この反応を「核融合」と呼びます。この太陽のしくみを人工的に起こそうというのが、核融合による発電です。核融合で用いる燃料は水素(重水素と三重水素といいます)です。これらを図のように人工的にぶつけ合い、原子核を結合(融合)させることで、より重い物質(ヘリウム)に変化させます。そのときにうまれるエネルギーを取り出して、発電に利用します。

核融合と原子力発電のちがいは、核融合では

水素のような軽い原子をぶつけ合って、重いヘリウムに変化するときに生じるエネルギーを利用するのに対して、原子力発電では、重いウランのような物質の原子核を分裂させて(「核分裂」といいます)、軽くなるときに生じるエネルギーを利用しています。核融合は、原子力発電と同じように大きなエネルギーが得られるうえに、原子力発電よりも安全性の高いところが注目されています。現在はまだ実験段階ですが、世界各国で 2050 年ごろの実用化をめざして研究が進められています。

(ぶつけ合って結合させる)

重水素
(軽い原子核)
三重水素

核融合反応

中性子

エネルギーがうまれる

(重い原子核)
ヘリウムの原子核

核融合のよい点

● 原料の水素は海水から得られるため、なくなる心配がない。

● 二酸化炭素を排出しないので、環境にも影響を与えない。

● 核融合発電で出る放射性物質は原子力発電にくらべて急速に減少する。

核融合の課題

● 反応を起こすには約 1 億℃という高温を保たなければならない。

● 反応を制御する高度な技術が必要。

● 高温や放射能に耐えられる炉の開発が必要。

新エネルギー「核融合」開発の国際プロジェクト
ITER 計画とは？

取材協力／量子科学技術研究開発機構（QST）

ITER 計画とは？

　日本、韓国、中国、インド、アメリカ、ロシア、EU（欧州連合）が協力して、核融合実験炉の建設を進めています。このプロジェクトは ITER（国際熱核融合実験炉：International Thermonuclear Experimental Reactor の頭文字に由来）と呼ばれています。ラテン語で「道」や「旅」という意味があります。建設地はフランス南部のサン・ポール・レ・デュランスです。ITER 建設のため、港から建設地まで、専用の道路がつくられています。2033 年の完成をめざして進められています。

ITER イメージ図
写真提供／ITER 機構

日本も大活やく！

　日本でも核融合に必要な技術（超伝導磁石、プラズマ加熱装置、ロボットなど）や、さまざまな ITER の重要部品を提供しています。10 m をこえる大きさの部品をつくるときに誤差数 mm 以下にしなければいけないという、厳しい精度が求められるものもあります。

　また、茨城県那珂市にある核融合実験装置「JT-60」を EU とともに改修し（「JT-60SA」と名づけられています）、ITER と同じ形のこの装置で先に運転を開始してデータを集めることで、核融合エネルギーの早期実現を EU とともにめざしています。

フランスのサン・ポール・レ・デュランスに
建設中の ITER（2024 年時）
写真提供／ITER 機構

どんな新しいエネルギーがあるの?

エネルギー資源の少ない日本では、ほかにも、さまざまなエネルギーを用いた発電方法が研究されています。

宇宙太陽光発電

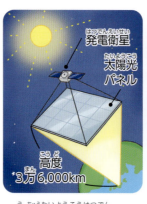

「新型宇宙ステーション補給機（HTV-X）1号機」には、太陽光パネルが搭載されています。
写真提供／宇宙航空研究開発機構（JAXA）

宇宙空間に巨大な太陽光発電所をつくり、電気を地球に送る「宇宙太陽光発電」というしくみが開発されています。赤道の上空、高度3万6,000kmの宇宙空間に、太陽光パネルと送電設備をもつ衛星を浮かべ、発生した電力を地球へ送ります。宇宙太陽光発電は、1960年代にアメリカのピーター・グレイザー博士が提唱したアイデアからはじまりました。日本は資金面ではアメリカや中国、ヨーロッパにおよびませんが、衛星からマイクロ波を送信する技術などで、成果を上げています。宇宙では、地上よりも強い太陽光を利用でき、天候の影響を受けず、昼夜に関わらず発電でき、建設には巨額の費用がかかりますが、2050年の実用化を目標に開発が進められています。

振動発電

人や機械、ものの動きの振動から、電気をつくる「振動発電」が研究されています。たとえば、JR東日本では、JR東京駅の改札で、人が床を踏む振動を利用した「床発電」の検証実験をおこないました。振動発電では、得られる電力が多くない点が課題でしたが、東北大学大学院環境科学研究科の成田史生教授と東北特殊鋼株式会社の研究グループが、従来よりも大きな電力を得られる素材を開発するなど、実用化が進められています。

もっと知りたい！

二酸化炭素からつくる！「合成燃料」

ガスは燃やすと、気候変動の原因となる二酸化炭素を排出します。そこで、排出された二酸化炭素と、再生可能エネルギーなどからつくられる水素を合成してつくる「合成燃料」の開発が進められています。現在使っているガス設備をそのまま使いながら、二酸化炭素の排出を削減できます。合成燃料も燃やすと二酸化炭素を排出しますが、もともと排出された二酸化炭素を用いているため、新たに二酸化炭素を増やすことにはなりません。

もっと知りたい！

東京大学加藤・中村・安川研究室

新発見！「レアアース泥」とは？

「レアアース」という言葉を聞いたことはありますか？ レアアースとは、日本語で「希土類元素」といい、希少な17種類の金属元素のことです。スマホやテレビ、パソコン、家電や電気自動車などさまざまな工業製品に使われており、わたしたちの生活にかかせない金属元素です。この貴重な元素を多くふくむ泥（「レアアース泥」といいます）には、風力発電機にかかせないネオジム（希土類磁石の材料）もふくまれています。

このレアアース泥が、太平洋の深海底に多くあることがわかりました。とくに、日本の最東端である南鳥島付近の海底に豊富にあることがわかっています。地上のレアアース鉱山での採掘は、有害物質が流出するなど、環境に悪い影響を与えることも少なくありません。しかし、海底からのレアアース泥の採取はそのような心配がありません。

レアアースがふくまれる「レアアース泥」。
写真提供／東京大学加藤・中村・安川研究室

現在、世界で使われるレアアースのほとんどは中国に依存しています。外交問題などが影響し、中国は日本への輸出を制限したこともあります。日本の産業の中心であるハイテク産業を守るため、また、資源をもつ国となるためにも、国産のレアアース泥の開発はとても重要です。

どうやって採掘するの？

レアアース泥は深い海の底にあります。採掘方法として考えられているのは、次のような方法です。まずリモートコントロールのショベルカー（「水中バックホウ」といいます）を海底におろし、泥を掘ります。そして、海上の船から掘った泥を吸い上げるパイプをおろします。このパイプに圧縮した空気を送りこむと、パイプのなかを空気のあわが浮かび上がっていくときにうまれる流れで、泥水になったレアアース泥を海底から吸い上げることができます（「エアリフト」と呼ばれます）。レアアースを取り出して残った泥は、うめ立てなどに使えるよう処理をする、という計画が立てられています。

わたしたちが、レアアース泥を利用するためには、水深5,700mの海底から泥を集めて船の上

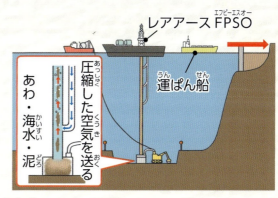

まで引き上げる必要があります。また、海の上では、台風による風や波、海流によるはやい流れの影響を受けることもあります。こうした深海や海上の自然条件に耐えられる素材を用いて、海上まで泥を引き上げるための技術の開発が進められています。

東京大学大学院工学系
研究科長・工学部長 教授
加藤泰浩先生

3 エネルギー問題に、どう取り組む？

「カーボンニュートラル」をめざそう！

産業革命（17ページ）以来、化石燃料の使用が増加し、二酸化炭素などの温室効果ガスの排出量が増えたことで、地球温暖化が進んでいます。このままでは、異常気象による災害や食糧危機などにより、わたしたちの暮らしにも大きな影響があります。そのため、世界中で二酸化炭素の排出を減らす努力が続けられています。

二酸化炭素の排出量はどれくらい？

化石燃料を燃やすと排出される二酸化炭素の排出量は、世界全体で年間336億トンにのぼります。もっとも多く排出している国は中国で、世界全体の3割以上をしめています。日本の排出量は世界で6番目です。

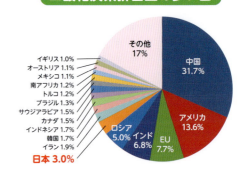

二酸化炭素排出量の多い国

環境省「世界のエネルギー起源 CO_2 排出量（2021年）」をもとに作成

カーボンニュートラルとは？

化石燃料を燃やすと大気中の二酸化炭素が増えます。いっぽう、森林などの植物は光合成で二酸化炭素を吸収し、幹や枝に炭素としてたくわえています。「カーボンニュートラル」とは、人間の活動で出る二酸化炭素の排出量と森林などによる吸収量を等しくするということです。二酸化炭素を地中にうめたり、ほかのものにつくり変えたりする方法が開発できれば、大気中の二酸化炭素を減らすことができます。

日本をふくむ世界の国々は、地球温暖化による影響を防ぐため、大気中の温室効果ガスの濃度を安定化することを目的とした「国際連合気候変動枠組条約」を結んでいます。2020年、日本は2050年までに二酸化炭素やメタンなどの温室効果ガスの排出量をゼロにする「カーボンニュートラル」をめざすことを宣言しました。世界で190以上の国が2015年に結んだ「パリ協定*」をもとに、同じ目標に向けて取り組んでいます。

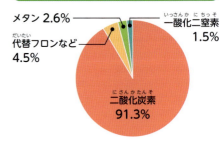

日本で排出される温室効果ガスの割合

環境省「2022年度の温室効果ガス排出・吸収量」より作成

日本の温室効果ガス排出量の削減目標

環境省「温室効果ガスインベントリ」より作成

＊「世界の平均気温の上昇を産業革命以前にくらべて2℃より低く保ち、1.5℃以内におさえる努力をする」ことを目的とした、気候変動問題に関する国際的な枠組み。

「カーボンニュートラル」の実現に向けて

再生可能エネルギーを使う

化石燃料による発電を減らすため、太陽光、風力、水力、地熱、バイオマスなどの再生可能エネルギーの導入が進んでいます。家庭でも、再生可能エネルギーを利用している電力会社に切りかえたり、家の屋根に太陽光パネルを設置して発電した電力を利用したりするなど、できることを考えてみましょう。

節電と省エネ家電への買いかえ

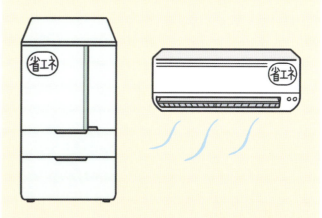

家電製品は改良が進み、どんどん性能がよくなり、少ないエネルギーで動き、節電ができるようになっています。ものを大切に使うことも大事ですが、古くなって効率の悪い家電から、より省エネできる製品への買いかえを検討することも大切です。

公共交通機関や自転車を利用する

ガソリンや軽油など化石燃料を燃やしてエンジンで走る自動車は、二酸化炭素を排出します。多くの人が自家用車を使うと、それだけ多くの二酸化炭素が出ます。バスや電車などの公共交通機関を使ったり、短い距離であれば、徒歩や自転車などで移動したりして、カーボンニュートラルを心がけてみましょう。

ごみ・食品ロスを減らす

食品や食べものをつくるにはエネルギーを使います。その食品がわたしたちの手もとに届くまでの輸送にも、エネルギーを使います。食べものを捨てたり、買いものをして使わなかったりして、ごみにしてしまうと、エネルギーのむだになります。さらに、ごみの収集にもエネルギーを使います。必要なものを必要なだけ買うようにしましょう。

「カーボンフットプリント」で二酸化炭素の量を知ろう

わたしたちは毎日電気やガスなどのエネルギーを使いますが、食べものや衣服などをつくるとき、運ぶときにもエネルギーを使い、二酸化炭素を排出しています。温室効果ガスによる気候変動を防ぐために、排出される二酸化炭素の量を見える形で表す取り組みが進んでいます。

> 目に見えない二酸化炭素を数字で表すことで、意識しやすいですね。

「カーボンフットプリント」とは?

「カーボンフットプリント（Carbon Footprint）」とは、日本語で「炭素（二酸化炭素）の足跡」という意味です。ある製品がつくられ、使われ、捨てられるまでの間、どれだけ温室効果ガスを排出しているのか、その二酸化炭素の量を数字で表しています。より少ない二酸化炭素量の製品やサービスを選ぶ基準となり、「カーボンニュートラル」をめざす行動につながります。

ジュースのカーボンフットプリントを見てみよう

たとえば、缶ジュースのカーボンフットプリントは、①原材料をつくる、②製品をつくる、③運ぶ、④買う・使う、⑤捨てるなどの段階に分けられ、それぞれの工程で出される温室効果ガスを二酸化炭素の量に換算して表します。くだものなどの植物を育てたり、容器を製造したりするところから、最後は缶を捨て、リサイクルされるまでの環境に与える負荷が数字でわかります。

ジュースのカーボンフットプリント

二酸化炭素排出量の合計 = **123**g／1缶

1. 原材料をつくる
   - くだものを育てる
   - 缶をつくる（アルミ）
   - 二酸化炭素 18.5g
2. 製品をつくる
   - 二酸化炭素 30.8g
3. 運ぶ（流通）
   - トラックで配送する
   - 二酸化炭素 43.1g
   - お店に並べる
4. 買う・使う
   - 買う
   - あとで飲むから、冷蔵庫に入れよう
   - 二酸化炭素 18.5g
5. 捨てる
   - 二酸化炭素 12.1g

> 身近なもののカーボンフットプリントを調べてみよう。

二酸化炭素を減らす取り組み

カーボンニュートラルをめざして取り組んでいる、自治体や企業の商品などにつけられるマークやラベルを見てみましょう。

脱炭素先行地域

「脱炭素先行地域」
2050年のカーボンニュートラルに向けて、温室効果ガスの排出削減に地域の特性をいかし取り組む地域。2024年12月時点で、82の地域*にのぼる。
*共同で選定された市町村は1地域として数えています。

「エコレールマーク」
商品の輸送時、二酸化炭素の排出量が少ない貨物鉄道を利用している商品や企業を認定する。

「エコマーク」
地球にやさしく、環境への負荷が少ないと認められた商品であることを示す。

「統一省エネラベル」
家電製品の省エネ性能を星の数で表す。また、年間の目安電気料金を示す。

カーボンフットプリントのよい点

● 「地産地消」の促進

原料を遠くから運んだり、商品を遠くへ運んだりすると、輸送に多くの燃料が必要となり、二酸化炭素がたくさん排出されます。商品のカーボンフットプリントを見て、輸送時に多くの二酸化炭素が排出されていることがわかれば、より近くから仕入れるように企業も努力をします。また、消費者であるわたしたちも、生産地の近いものを購入するようになり、「地産地消」が進みます。

● 省エネ行動の促進

カーボンフットプリントを意識することで、使っていない部屋の照明を消す、水を出しっぱなしにしないなど、省エネ行動につながります。企業だけでなく、消費者であるわたしたちも、日ごろのちょっとした積み重ねが大切です。

● リサイクルやサステナブルな取り組みの促進

二酸化炭素を減らす取り組みをしている製品についているさまざまなマークは、わたしたちが製品を選ぶときの基準になります。また、購入した製品についても大切に使う意識をもてるようになるでしょう。企業も、消費者に選んでもらえるよう、よりいっそうリサイクルに力を入れたり、サステナブル（持続可能）な取り組みをしたりするようになっていきます。

やってみよう！省エネのくふう

「ちりも積もれば山となる」のことわざどおり、一人一人のくふうが省エネになり、地球を守ることにつながります。
省エネクイズに挑戦してみましょう。

巻末の「二酸化炭素を削減！チャレンジシート」も利用しましょう。

省エネクイズ

Q1 エアコンはこまめにオンオフする？

エアコンは、つけたときに大きな電力を使います。その後、室温が設定温度になってからは、あまり電力を使いません。そのため、こまめにオンオフしないほうが省エネになります。また、設定温度をひかえめにしたり、フィルターのそうじをしたりすることも省エネにつながります。 ✗

Q2 パソコンは毎回シャットダウンするとよい？

パソコンは、起動するときとシャットダウンするときに電力をたくさん使います。使わない時間が1時間半くらいであれば、スリープモードにしたほうがよいでしょう。また、画面も明るくしすぎないようにすると、省エネになります。 ✗

Q3 テレビやパソコンの画面は明るくする？

明るい画面は、それだけ多くの電力を使います。部屋の明るさにもよりますが、見づらくならない程度に、画面の明るさの設定を見直しましょう。また、テレビのつけっぱなしも電気のむだです。見る時間を決め、つけている時間を減らしましょう。
＊暗すぎると視力に影響することもあるので注意しましょう。

Q4 冷蔵庫は暑い場所をさけて置く？

冷蔵庫は、なかのものを冷やすため、外に熱をにがすしくみになっています。そのため、冷蔵庫と壁との間にすきまを空け、暑くなる場所には置かないようにします。冷蔵庫のドアを開ける回数や時間を減らし、熱いものは冷ましてから冷蔵庫に入れ、あまりつめこみすぎないようにすることも大切です。 ○

Q5 トイレのふたは閉める？

温水洗浄便座の場合、トイレのふたを閉めることも省エネにつながります。ふたが開けっぱなしだと、便座の熱がにげてしまい、再びあたためるために余分な電力を使います。また、流す水の量も大と小では1Lほど差があります。使い分けを習慣にしましょう。 ○

Q6 おふろは追いだきを使うとよい？

おふろのお湯は時間が経つにつれ冷めていき、追いだきをすれば、エネルギーを余分に使います。追いだきをするよりも、続けて入れば省エネになります。湯船にふたをすれば保温効果も上がります。シャワーの出しっぱなしをやめて、湯船のお湯も適量にするなど、エネルギーのむだづかいを防ぎましょう。 ×

Q7 電気カーペットはそのまま使う？

電気カーペットは、足もとをあたためてくれる暖房器具ですが、冷たい床を伝わり熱がにげていきます。そこで、電気カーペットの下に電気カーペット用の「断熱シート」を敷きましょう。熱が床ににげにくくなり、保温効果が高まります。 ×

Q8 照明はLED電球がよい？

照明器具では、白熱灯がもっとも消費電力が多く、蛍光灯はそれよりも少ないです。もっとも消費電力が少ないのはLED電球です。電球1個あたりの値段は高くても、電気代がおさえられ、寿命が長いのが特徴です。長期間使うことを考えれば、LED電球がおすすめです。 ○

Q9 そうじ機は「強」を使う？

そうじ機は、吸いこみの強さを変えるスイッチがついているものがあります。フローリングやたたみの場合は「弱」で十分です。じゅうたんなど、吸い取りにくい場所だけ「強」にしましょう。そうじ機によっては「エコ」や「自動」などのスイッチもあるので活用しましょう。 ×

もっと知りたい！

トップランナー制度とは？

省エネ技術は進歩しています。それをあと押ししているのが「トップランナー制度」です。日本政府が、自動車や冷蔵庫など特定の製品について、一番省エネ効果が高い製品をもとに達成すべき省エネの基準を決めています。すると、企業は基準を達成し、こえるために、省エネ能力を高める努力をし、切磋琢磨することで省エネ技術が進歩していきます。

やってみよう！

監修／川村康文（東京理科大学理学部教授）

レモンでLED電球を光らせよう！

わたしたちは、プラグにコンセントをさして使う電気だけでなく、乾電池の電気も使っています。電池は身近なものでつくることができます。レモン、アルミはく、ステンレス製のフォークで、LED電球を光らせてみましょう。アルミニウムがレモン果汁のなかにとけて、リード線に電気が流れます。弱い電気ですが、たくさんつなげば光りますよ。

用意するもの

- レモン2個
- アルミはく4枚（約10cm×10cm）
- フォーク4本（ステンレスの部分が広いもの）
- 低電圧LED（3ボルト以下）リード線つき
- ミノムシクリップリード線つき5本
- 包丁／まな板

1 レモンを半分に切り、断面を下にしてアルミはくにのせる。アルミにレモンの果汁がしっかりつくよう、ギュッと押しつける。

2 レモンにフォークをさす。フォークの重さでころがらないよう注意。フォークはアルミはくにふれないようにななめにさす。

3 それぞれのアルミはくに、ミノムシクリップをつけ、次のレモンのフォークにリード線をつなぐ。

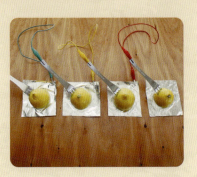

4 左はしのフォークからのリード線を、LEDのプラス側につなぐ。

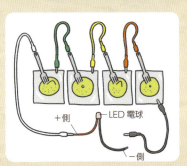

5 右はしのアルミはくを、LEDのマイナス側につなぐと光る！

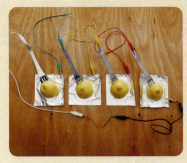

やってみよう！

監修／川村康文（東京理科大学理学部教授）

のぞき穴から見ると…

ピカッ

蛍光増白剤とペットボトルで太陽光照明をつくろう！

蛍光灯は紫外線を放出します。目に見えない紫外線をガラス管にぬられた白い蛍光塗料の効果で目に見える光にしています。洗たく用洗剤には、蛍光増白剤入りのものがあります。この蛍光増白剤にも、紫外線を吸収して、目に見える青白い光に変えるはたらきがあります。このはたらきを利用して、太陽光を使った照明をつくってみましょう。

用意するもの
- 段ボール箱
- 500 mLのペットボトル
- 蛍光増白剤入りの、洗たく用洗剤または漂白剤
- カッター
- セロハンテープ（透明）
- プラスチックのカップ
- 水（500 mL以上）
- ビニール手袋
- わりばし　など

⚠ カッターなどを使うときはけがに気をつけましょう。

1 段ボールにペットボトルの底と同じ大きさの穴をあける。段ボールの側面には、カッターでのぞき穴をあける。

2 プラスチックのカップに半分くらい水を入れる。ビニール手袋をして洗剤を小さじ1ぱい入れる。

3 なるべくあわ立てないように、わりばしなどで静かにぐるぐるとかき混ぜてとかす。

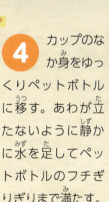

4 カップのなか身をゆっくりペットボトルに移す。あわが立たないように静かに水を足してペットボトルのフチぎりぎりまで満たす。

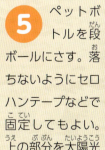

5 ペットボトルを段ボールにさす。落ちないようにセロハンテープなどで固定してもよい。上の部分を太陽光にあてながら、段ボール箱のなかをのぞいてみよう。写真にとるとわかりやすいよ。

さくいん

この本に出てくる言葉のページを50音順に紹介しています。

あ行

安全性 ……………………………… 26

安定供給 …………………………… 26

アンモニア ……………… 28、30、31

ITER計画 ………………………… 35

一次エネルギー …………………… 6、7

宇宙太陽光発電 …………………… 36

ウラン ……………… 12、13、20、21

液化石油ガス（LPG） ………… 14、15

液化天然ガス（LNG） ……… 14、15、16

エコマーク ………………………… 41

エコレールマーク ………………… 41

S+3E ……………………………… 26

エネルギー自給率 ………………… 16

エネルギー資源の輸入 …………… 20

エネルギー変換効率 ……………… 8

エネルギー・ミックス …………… 21

LED電球 …………………… 43、44

オイルショック（石油危機） …… 17、21

温室効果ガス ………… 24、27、38、40

か行

カーボンニュートラル ……… 26、30、38、
39、40、41

カーボンフットプリント ……… 40、41

核分裂 ………………………… 12、13

核融合 …………………… 6、34、35

ガス …………………… 4、7、14、15

ガソリン …………………………… 7

化石燃料 ……………… 6、8、16、17、20、
28、29、38、39

火力発電 …………… 8、9、28、32、33

環境適合 …………………………… 26

感電 ………………………………… 19

気候変動 …………………………… 40

グリーン水素 ……………………… 29

経済効率性 ……………………………… 26

原子 ………………………………… 12

原子核 ………………………… 12、34

原子力 ……………………………… 6

原子力産業 ………………………… 27

原子力発電 …………… 8、12、13、21

合成燃料 …………………………… 36

高度経済成長期 ……………… 16、17

国際連合気候変動枠組条約 ……… 38

固定価格買取制度 ………………… 25

ごみ ………………………………… 39

さ行

最終エネルギー …………………… 7

再生可能エネルギー …… 6、11、22、23、24、
25、29、39

サステナブル（持続可能） ……… 41

産業革命 ……………………… 17、38

自然エネルギー …………… 6、22、24

省エネ ………………………… 42、43

省エネ家電 ………………………… 39

省エネ行動 ………………………… 41

食品ロス …………………………… 39

振動発電 …………………………… 36

水素 …………………………… 28、29

水素産業 …………………………… 27

水力 …………………………… 6、22

水力発電 ………… 8、10、11、22、25

石油（原油） …… 6、8、9、16、17、20、24

石炭 …………… 6、8、9、16、20、32

石炭火力発電 ………………… 32、33

節電 ………………………………… 39

送電システム ……………………… 18

送電線 ……………………………… 19

た行

- 大気汚染 ……………………………… 33
- 太陽光 ………………… 6、16、22、39、45
- 太陽光照明 …………………………… 45
- 太陽光発電 ……………… 16、22、24、25
- 太陽光パネル …………… 22、25、36、39
- 脱炭素社会 …………………………… 27
- 脱炭素先行地域 ……………………… 41
- ダム ………………………………… 10、11
- タンカー ………………… 14、15、20、21
- タンクローリー車 …………………… 15
- 地球温暖化 ………………… 24、27、38
- 地産地消 ……………………………… 41
- 地熱 ………………………………… 6、39
- 地熱発電 ……………………………… 22
- 貯水池 ……………………………… 10、11
- 通電火災 ……………………………… 19
- 停電 …………………… 18、19、24、26
- 電気（電力） ……… 7、8、19、26、36、44
- 天然ガス ……… 6、8、9、14、15、16、20、21
- 統一省エネラベル …………………… 41
- 灯油 ………………………………… 6、7
- 都市ガス …………………………… 14、15
- トップランナー制度 ………………… 43

な行

- 二酸化炭素 …… 8、11、12、23、24、26、27、28、29、30、31、32、33、38、39、40、41
- 二酸化炭素排出量 …………… 30、38、40
- 二次エネルギー ……………………… 6、7
- ネオジム ……………………………… 37
- 燃料アンモニア産業 ………………… 27
- 燃料電池 …………………………… 27、29

は行

- バイオマス …………………… 6、22、33
- バイオマス発電 ……………………… 23
- 発電 ……… 8、9、10、11、12、13、22、23、27、28、29、30、31、32、33、34、36
- 発電機 ………………… 9、10、13、18
- パリ協定 ……………………………… 38
- 風力 ………………………………… 6、39
- 風力発電 …………………………… 23、25
- ブルー水素 …………………………… 29
- プロパンガス ……………………… 14、15

ま行

- マイクロ波 …………………………… 36

や行

- 洋上風力発電 ……………………… 23、27
- 揚水式発電 …………………………… 11

ら行

- 陸上風力発電 ………………………… 23
- レアアース泥（レアアース） ………… 37

気になる言葉のページを見てみよう。

47

監修　小川順子（おがわ・じゅんこ）

一般財団法人 日本エネルギー経済研究所 環境ユニット 気候変動グループ 研究主幹。青山学院大学大学院国際政治経済学研究科 修了（国際経済学修士、1997年）。国際エネルギー経済学会（IAEE）、エネルギー・資源学会に所属。地球温暖化政策および省エネルギー政策の定量評価分析、ライフサイクルアセスメント分析の専門知見をいかし、世界各国の省エネルギー国際協力プロジェクトに参加。地球温暖化や省エネルギーに関する多くの講演、論文などを手がけている。

- 編集協力　株式会社スリーシーズン
- 装丁・デザイン　原島 啓子
- イラスト　福場 さおり
- 執筆協力　入澤 宣幸
- 校正　夢の本棚社
- 写真提供　株式会社 JERA、九電みらいエナジー株式会社、J-POWER（電源開発株式会社）、
パシフィコ・エナジー株式会社、相生バイオエナジー株式会社、
国立研究開発法人日本原子力研究開発機構、
株式会社グリーンパワーインベストメント、東京電力ホールディングス株式会社、
東京電力リニューアブルパワー株式会社、ITER機構、宇宙航空研究開発機構（JAXA）、
東京大学加藤・中村・安川研究室、PIXTA、photoAC
- 国際連合のSDGs ウェブサイト：https://www.un.org/sustainabledevelopment/

日本語で読めるSDGs ウェブサイト（国際連合広報センター）：
https://www.unic.or.jp/activities/economic_social_development/sustainable_development/2030agenda/
本書の内容は国連により認可されたものではなく、国連やその公式団体、加盟国による見解を示すものではありません。

SDGs 地球のためにできること④
どう使う？ どうつくる？ エネルギー

2025年3月30日　初版第1刷発行
監修　小川 順子
発行　株式会社 国土社
　　　〒101-0062 東京都千代田区神田駿河台2-5
　　　TEL 03-6272-6125　FAX 03-6272-6126
　　　https://www.kokudosha.co.jp
印刷　株式会社 瞬報社
製本　株式会社 難波製本

NDC 360, 519, 543　48P/29cm　ISBN978-4-337-22404-9　C8336
Printed in Japan ©2025 Junko Ogawa
落丁・乱丁本は弊社までご連絡ください。送料弊社負担にてお取替えいたします。

.

チャレンジシート

二酸化炭素を削減！

日づけを入れよう！

	気をつけること	/	/	/	/	/	/	/
エアコン	設定温度は夏は28℃、冬は20℃を目安にする ＊熱中症などに注意して無理のないようにしよう							
	フィルターをそうじする（月1〜2回）							
テレビ	長い時間見ないときは消す							
	音量や明るさを調節する							
冷蔵庫	物をつめこみすぎない							
	扉を開ける時間を短くする							
	設定温度を「強」から「中」にする ＊食品のいたみには注意しよう							
	壁にくっつけずに設置する							
おふろ	できるだけ続けて入る							
	シャワーや水道は流しっぱなしにしない							
温水洗浄便座	使わないときはふたを閉める							
	便座の設定温度を「弱」にする							
照明	照明器具をLED電球に取りかえる							
	使わない部屋の照明は消す							
そうじ機	部屋を片づけてからそうじ機をかける							